Matemáticas 4º ESO
6. Sistemas de ecuaciones

José Rodolfo Das López

Matemáticas 4º ESO - 6. Sistemas de ecuaciones
© José Rodolfo Das López, 2018.
Correo Electrónico: `jose.das@jrdas.org`
Diseño portada y contraportada: Claudia Escribano Máñez
Edita: Sección del IES Fernando III de Ayora en Jalance

ISBN: 978-84-17613-06-8
Depósito Legal: V-1566-2018
1ª edición: Mayo, 2018

Índice

Índice	3
1 Resolución de sistemas de dos ecuaciones lineales con dos incógnitas	5
2 Sistemas de tres ecuaciones lineales. Método de Gauss	23
3 Sistemas de ecuaciones de segundo grado	36
4 Sistemas de ecuaciones exponenciales y logarítmicas	54
Soluciones	58

1 Resolución de sistemas de dos ecuaciones lineales con dos incógnitas

Un **sistema de dos ecuaciones lineales** con dos incógnitas tiene la expresión

$$\begin{cases} ax+by=p \\ cx+dy=q \end{cases}$$

donde x e y son las **incógnitas**.

Según el número de soluciones de un sistema, se clasifica en

- Si existe una única solución, el sistema es compatible determinado. En el sistema anterior, esta situación se da cuando $\frac{a}{c} \neq \frac{b}{d}$. Gráficamente, las dos rectas del sistema de ecuaciones son secantes entre sí y, además, la solución del sistema corresponde al punto de corte de ambas.

- Si existen infinitas soluciones, el sistema es compatible indeterminado. En el sistema anterior, esta situación se da cuando $\frac{a}{c} = \frac{b}{d} = \frac{p}{q}$. Gráficamente, ambas ecuaciones representan la misma recta y, por tanto, tienen infinitos puntos en común, todos ellos soluciones del sistema.

- Si no existe ninguna solución, el sistema es incompatible. En el sistema anterior, esta situación se da cuando $\frac{a}{c} = \frac{b}{d} \neq \frac{p}{q}$. Gráficamente, las rectas son paralelas, es decir, sin puntos en común, mostrando un sistema sin soluciones.

Existen varios métodos para resolver este tipo de sistemas.

1. **Método de reducción.** El método de reducción es muy cómodo de aplicar cuando una incógnita tiene el mismo coeficiente en las dos ecuaciones, o bien sus coeficientes son uno múltiplo del otro. Para aplicarlo, se multiplican las ecuaciones por números adecuados para que al sumarlas se elimine una incógnita.

> **Ejercicio resuelto 1.1**
>
> Vamos a resolver el siguiente sistema de ecuaciones por el método de reducción:
>
> $$\begin{cases} 2x-y=7 \\ 3x+2y=7 \end{cases}$$
>
> En primer lugar, multiplicamos la primera de las ecuaciones por 2 y posteriormente sumamos ambas ecuaciones
>
> $$\begin{cases} 2x-y=7 \\ 3x+2y=7 \end{cases} \Rightarrow \begin{cases} 4x-2y=14 \\ 3x+2y=7 \end{cases} \Rightarrow 7x=21$$
>
> de donde se obtiene que $x=3$. Sustituyendo en la primera ecuación: $2 \cdot 3 - y = 7$, por lo que $y=-1$. Este sistema es compatible determinado con solución $x=3, y=-1$.

2. **Método de sustitución.** El método de sustitución es especialmente útil cuando una de las incógnitas tiene coeficiente 1 ó -1 en alguna de las ecuaciones. En estas condiciones, se despeja una incógnita de una ecuación y se sustituye la expresión obtenida en la otra.

Ejercicio resuelto 1.2

Vamos a resolver el siguiente sistema de ecuaciones por el método de sustitución:

$$\begin{cases} 2x+y=5 \\ 4x+2y=-1 \end{cases}$$

En primer lugar, despejamos la variable y de la primera de las ecuaciones y posteriormente sustituimos su valor en la segunda ecuación.

$$\begin{cases} 2x+y=5 \\ 4x+2y=-1 \end{cases} \Rightarrow \begin{cases} y=5-2x \\ 4x+2y=-1 \end{cases} \Rightarrow 4x+2\cdot(5-2x)=-1$$

de donde se obtiene que $10=-1$. Esta igualdad es absurda, por lo que el sistema es incompatible.

3. **Método de igualación.** El método de igualación se suele utilizar cuando ya aparece despejada una misma incógnita en ambas ecuaciones. En tal caso, es como si aplicáramos el método de sustitución. Si no se da esta situación ideal, se despeja la misma incógnita en ambas ecuaciones y se igualan las expresiones obtenidas.

Ejercicio resuelto 1.3

Vamos a resolver el siguiente sistema de ecuaciones por el método de igualación:

$$\begin{cases} 2x-3y=1 \\ 6x-9y=3 \end{cases}$$

En primer lugar, despejamos la variable x de ambas ecuaciones e igualamos ambas expresiones:

$$\begin{cases} 2x-3y=1 \\ 6x-9y=3 \end{cases} \Rightarrow \begin{cases} x=\frac{1+3y}{2} \\ x=\frac{3+9y}{6} \end{cases} \Rightarrow \frac{1+3y}{2}=\frac{3+9y}{6}$$

de donde se obtiene que $3+9y=3+9y$. Esta igualdad es cierta para cualquier valor de y, lo que significa que el sistema es compatible indeterminado, es decir, tiene infinitas soluciones. Para cada valor de y, el valor de x asociado a $x=\dfrac{1+3y}{2}$.

Ejercicio resuelto 1.4

Problema tipo - Edades: *Hace cinco años, la edad de una madre era el triple de la de su hijo, y dentro de diez solo será el doble. Halla las edades actuales de ambos.*

Otro problema bastante habitual es el que relaciona las edades de dos personas en dos momentos distintos de tiempo.

Nuestras incógnitas serán las edades de la madre (x) y la del hijo (y). Para determinar las edades hay que situar correctamente los instantes temporales de los que habla el problema:

	Actual	Hace 5 años	Dentro de 10 años
Madre	x	$x-5$	$x+10$
Hijo	y	$y-5$	$y+10$

De esta forma, las condiciones del problema son sencillas de transformar en ecuaciones:

- "Hace cinco años, la edad de una madre era el triple de la de su hijo": $x - 5 = 3(y - 5)$.
- "dentro de diez solo será el doble": $x + 10 = 2(y + 10)$.

por lo que el sistema es

$$\begin{cases} x - 5 = 3(y - 5) \\ x + 10 = 2(y + 10) \end{cases}$$

que resolvemos de cualquiera de los métodos anteriores, para obtener que la madre tiene $x = 50$ años y el hijo $y = 20$ años.

Ejercicio resuelto 1.5

Problema tipo - Cifras de un número: *La suma de un número de dos cifras más el que resulta al invertirlas es 99. ¿Cuánto vale la suma de las dos cifras de ese número?*

Un ejercicio bastante habitual consiste en tener que averiguar las cifras de un determinado número sujeto a una serie de condiciones. La dificultad de este tipo de problemas reside en el doble papel que cumplen los valores: como números individuales y como cifras de otro número.

En esta lase de problemas llamaremos x a la cifra de las decenas e y a la de las unidades, de esta forma el número formado será $10x + y$. La restricción del problema es:

- "La suma de un número de dos cifras más el que resulta al invertirlas es 99": $(10x + y) + (10y + x) = 9$.

La restricción es equivalente a que $11x + 11y = 99$ o, dicho de otra forma, $x + y = 9$, que es la solución a lo que se pregunta.

Ejercicio resuelto 1.6

Problema tipo - Mezclas: *Un comerciante adquiere dos tipos de café para tostar, moler y, posteriormente, mezclar. El de mayor calidad tiene un precio de 9 euros el kg, y el otro vale 7,50 euros el kg. El comerciante quiere obtener una mezcla que salga a 8 euros y 40 céntimos el kg. ¿Cuál deberá ser la proporción de los dos tipos de café?*

Un problema típico en la resolución de sistemas de ecuaciones es el problema de mezclas, como el del enunciado. Consiste en averiguar la proporción que de cada producto A y B hay que mezclar para obtener un tercer producto con unas ciertas propiedades.

Como siempre, lo primero es determinar cuáles van a ser nuestras incógnitas. Dado que en el enunciado no habla de generar una cantidad determinada de producto resultante, sino que se quiere averiguar una proporción, vamos a suponer que generaremos 1 kg de mezcla, consiguiendo expresar el valor de las variables en una proporción de "tanto por uno". Así, en nuestro problema x representará a la cantidad de café de calidad alta que entrará en un kilo, mientras que y representará la cantidad de baja calidad que entrará en dicho kilo.

En este tipo de problemas, la primera ecuación proviene siempre de la cantidad de producto C a fabricar. Como ya hemos indicado, vamos a suponer que generaremos un kilo. Así, la primera ecuación será $x + y = 1$.

La segunda ecuación, tiene que ver con la característica solicitada de la mezcla, en nuestro caso el precio, y se basa en el principio de que "lo que entra, es lo que ha de salir":

- La mezcla tiene x kg del primer tipo de café que tiene un valor de $9x$ euros.
- La mezcla tiene y kg del segundo tipo de café que tiene un valor de $7,50y$ euros.
- El producto resultante, 1 kg, vale $8,40$ euros.

por lo que la segunda ecuación es $9x+7,50y=8,40$. y el sistema es

$$\begin{cases} x+y=1 \\ 9x+7,50y=8,40 \end{cases}$$

que resolvemos de cualquiera de los métodos anteriores, para obtener que $x=0,60$ kg y $y=0,40$ kg, por lo que la proporción es de un 60% de café de alta calidad y un 40% de café de baja calidad.

Ejercicios

1. Di si $x=2$, $y=-1$ es una solución del sistema:

$$\begin{cases} 5x + 4y = 6 \\ x - y = 5 \end{cases}$$

2. Escribe una ecuación con dos incógnitas de modo que una de sus soluciones sea $x=5$, $y=-3$.

3. Escribe un sistema de dos ecuaciones con dos incógnitas cuya única solución sea $x=3$, $y=-3$.

4. Verifica que por los tres métodos se obtiene la misma solución para el sistema $\begin{cases} x-2y=11 \\ 2x+3y=-13 \end{cases}$.

Ejercicios

5. Resuelve utilizando el método de sustitución:

(a) $\begin{cases} x + 5y = 7 \\ 3x - 5y = 11 \end{cases}$

(b) $\begin{cases} 5x + y = 8 \\ 3x - y = 11 \end{cases}$

(c) $\begin{cases} 3x + 10y = 6 \\ x + 2y = 1 \end{cases}$

(d) $\begin{cases} 4x - y = 2 \\ x + 3y = 7 \end{cases}$

(e) $\begin{cases} 2x - y = 5 \\ 4x + 3y = 5 \end{cases}$

(f) $\begin{cases} x - y = 2 \\ x + y = 4 \end{cases}$

6. Resuelve por el método de reducción:

(a) $\begin{cases} 3x + 4y = 2 \\ x + 10y = 8 \end{cases}$

(b) $\begin{cases} 3x - 5y = -26 \\ 4x + 10y = 32 \end{cases}$

(c) $\begin{cases} 22x + 17y = 49 \\ 31x - 26 = 119 \end{cases}$

(e) $\begin{cases} 13x - 12y = 127 \\ 21x + 17y = 96 \end{cases}$

(d) $\begin{cases} 2x + y = 1 \\ x + 2y = -4 \end{cases}$

(f) $\begin{cases} x + y = 4 - y \\ 3x - 5 = 7 - 6y \end{cases}$

7. Resuelve los sistemas por el método de igualación:

(a) $\begin{cases} 5x + y = 13 \\ 3x + 4y = 1 \end{cases}$

(d) $\begin{cases} x + y = 2 \\ 5x + 5y = 2 \end{cases}$

(b) $\begin{cases} x - 5y = 4 \\ 3x - y = 2 \end{cases}$

(e) $\begin{cases} 3x + 5y = 7 \\ -6x + 10y = -14 \end{cases}$

(c) $\begin{cases} 2x - y = -1 \\ x + y = 6 \end{cases}$

(f) $\begin{cases} 7x - y = 6 \\ 14x + 2y = 12 \end{cases}$

8. Halla la solución de los siguientes sistemas:

(a) $\begin{cases} 5x - 6y = 7 \\ 3x - y = 12 \end{cases}$

(b) $\begin{cases} 4x - 6y = 3 \\ -6x + 9y = 2 \end{cases}$

(c) $\begin{cases} 3x + 2y = 0 \\ 3x + 2y = 4 \end{cases}$

(d) $\begin{cases} -4x - 6y = 2 \\ 10x + 15y = -5 \end{cases}$

(e) $\begin{cases} 2x + 5y = 3 \\ 6x + 10y = 9 \end{cases}$

(f) $\begin{cases} 3x - 6y = 7 \\ 2x - 4y = 5 \end{cases}$

(g) $\begin{cases} 13x + 7y = 20 \\ 12x + 6y = 18 \end{cases}$

(h) $\begin{cases} 3(x-2) - 6y = 6 \\ 2x - 4y = 8 \end{cases}$

(i) $\begin{cases} x - 3y = 4 \\ -2x + 6y = 8 \end{cases}$

(j) $\begin{cases} 2x - y = -1 \\ x + 2y = 7 \end{cases}$

9. Halla la solución de los siguientes sistemas:

(a) $\begin{cases} 4x + 6y = 2 \\ 10x - 3y = -7 \end{cases}$

(b) $\begin{cases} x + 2y = 5 \\ 2x + 4y = 10 \end{cases}$

(c) $\begin{cases} 2x - 3y = -3 \\ -8x + 12y = 12 \end{cases}$

(d) $\begin{cases} 6x + 9y = -9 \\ 14x + 21y = 5 \end{cases}$

(e) $\begin{cases} 12x - 3y = 9 \\ 20x - 5y = 15 \end{cases}$

(f) $\begin{cases} 3x + 2y = -1 \\ 5x + y = 17 \end{cases}$

(g) $\begin{cases} 4x - 2y = 6 \\ 2x - y = 3 \end{cases}$

(h) $\begin{cases} 6x + 2y = -1 \\ -9x - 3y = 4 \end{cases}$

(i) $\begin{cases} 2x + 3y = 6 \\ 4x + 6y = 12 \end{cases}$

(j) $\begin{cases} 2x + 3y = 6 \\ 4x + 6y = 10 \end{cases}$

10. Halla la solución de los siguientes sistemas:

(a) $\begin{cases} 2x - 7y = 11 \\ -4x + 3y = -11 \end{cases}$

(b) $\begin{cases} 2x + 3y = 5 \\ 8x + 12y = 10 \end{cases}$

(c) $\begin{cases} 5x + 5y = 1 \\ 3x + 2y = 0 \end{cases}$

(d) $\begin{cases} 12x - 6y = 5 \\ 8x - 4y = 2 \end{cases}$

(e) $\begin{cases} 4x + 2y = 5 \\ 6x - 2y = -3 \end{cases}$

(f) $\begin{cases} -8x + 10y = 0 \\ 3x + y = 0 \end{cases}$

11. Halla la solución de los siguientes sistemas:

(a) $\begin{cases} 3(-2x+1) - 4y = 1 \\ 4x - 2(3y+1) = 8 \end{cases}$

(b) $\begin{cases} 5x + 3 = 20 - 9y \\ 2x - 3y = 5x - y \end{cases}$

(c) $\begin{cases} x + y = 30 \\ 6,5x + 3,2y = 158,7 \end{cases}$

(d) $\begin{cases} 8,6x + 5,4y = 11 \\ 25x - 12y = -245 \end{cases}$

12. Halla la solución de los siguientes sistemas:

(a) $\begin{cases} 5 + x = y \\ 7x - y + 17 = 3x + 3y \end{cases}$

(b) $\begin{cases} 2(x+1) - y = 2y+3 \\ 4(x+y) - x + 2y = 9x \end{cases}$

(c) $\begin{cases} \frac{x}{5} - \frac{2y}{3} = 6 \\ \frac{-x}{10} + \frac{5y}{6} = -6 \end{cases}$

(d) $\begin{cases} x - y = 1 \\ \frac{2x}{5} + \frac{3y}{4} = 5 \end{cases}$

(e) $\begin{cases} \frac{x}{3} - \frac{y}{2} = 0 \\ \frac{x}{6} + \frac{y}{4} = 2 \end{cases}$

(f) $\begin{cases} \frac{x}{3} - \frac{y}{2} = 4 \\ \frac{x}{2} - \frac{y}{4} = 2 \end{cases}$

(g) $\begin{cases} \frac{2x}{3} + y = -1 \\ \frac{x+1}{2} + \frac{y-1}{3} = -1 \end{cases}$

(h) $\begin{cases} \frac{x+15}{8} + \frac{3(y+1)}{16} = 3 \\ \frac{7-x}{2} - \frac{1+y}{12} = 3 \end{cases}$

(i) $\begin{cases} \frac{x+2}{5} - \frac{3y-1}{10} = \frac{-3}{10} \\ \frac{2x+3}{8} + \frac{y+7}{4} = \frac{19}{8} \end{cases}$

(j) $\begin{cases} \frac{3}{2}x - 3y = \frac{15}{4} \\ 2x - 4y = 5 \end{cases}$

13. Halla la solución de los siguientes sistemas:

(a) $\begin{cases} \frac{2x-y}{3} = \frac{1}{4} \\ 3x - \frac{4}{5}y = \frac{13}{10} \end{cases}$

(b) $\begin{cases} 3(5x-1) - 4(3y+6) = 27 \\ x - 2(y-1) = 8 \end{cases}$

(c) $\begin{cases} \frac{2x}{3} - \frac{y}{3} = -\frac{1}{3} \\ -\frac{7x}{3} + y = \frac{1}{6} \end{cases}$

(d) $\begin{cases} 2x + \frac{3y}{12} = \frac{31}{6} \\ -\frac{x}{5} + \frac{y}{3} = -\frac{8}{3} \end{cases}$

(e) $\begin{cases} 5x + 3y = \frac{9}{4} \\ \frac{x}{2} + \frac{6y}{5} = \frac{3}{10} \end{cases}$

(f) $\begin{cases} \frac{x}{2} + \frac{2y}{3} = \frac{5}{2} \\ \frac{2x}{7} + \frac{y}{3} = -\frac{3}{14} \end{cases}$

(g) $\begin{cases} \frac{x+2y}{2x+y} + 5 = 3 \\ \frac{3x+2}{y} + 5 = 0 \end{cases}$

(h) $\begin{cases} \frac{3}{x} + \frac{5}{y} = 0 \\ \frac{3y}{2x+3} = 4 \end{cases}$

(i) $\begin{cases} y = \frac{x+1}{2} + 3 \\ y = 2x + 10 \end{cases}$

(j) $\begin{cases} 2(2x+y) - 3(3x-2y) = -34 \\ \frac{x}{2} - \frac{y}{3} = 2 \end{cases}$

14. Halla la solución de los siguientes sistemas:

   (a) $\begin{cases} \frac{2x}{3} + \frac{3y}{2} = \frac{4}{3} \\ 6x + 27y = 12 \end{cases}$

   (c) $\begin{cases} \frac{x}{2} + \frac{y}{3} = 10 \\ 2x + \frac{4y}{3} = 8 \end{cases}$

   (b) $\begin{cases} \frac{x}{3} + \frac{y}{4} = 1 \\ 4x + 3y = 12 \end{cases}$

15. La primera ecuación de un sistema de dos ecuaciones es $2x - 3y = 5$. Completa el sistema con otra ecuación para que sea:

   (a) Incompatible.

   (b) Compatible indeterminado.

   (c) Compatible determinado.

(d) Compatible determinado con solución $x = 1$, $y = -1$.

16. Encuentra ecuaciones equivalentes a $2x - 5y = 3$, en las que el coeficiente de x sea:

    (a) 8

    (b) -6

    (c) 5

17. Al invertir un número de dos cifras se obtiene otro 36 unidades mayor. Halla el número inicial.

18. Si me das 70 monedas, tendré el triple de dinero que tú; pero si te doy las 70 monedas, entonces tú tendrás el quíntuple que yo. ¿Cuántas monedas tiene cada uno?

19. En la fiesta de cumpleaños de Carmen, el número de chicas supera en 10 al de chicos. Llegan 5 chicas más, y ahora el número de chicas es el doble del de chicos. ¿Cuántas personas hay en la fiesta?

20. María tenía hace seis años el triple de la edad de Alberto, y dentro de dos años tendrá solo el doble. ¿Cuáles son sus edades actuales?

21. Carolina ha dibujado a varios de sus amigos y también a varios personajes de *Los Simpson*, todos ellos saludando con ambas manos. Teniendo en cuenta que los personajes de la serie tienen solo cuatro dedos, y que en total, en el dibujo se ven 12 cabezas y 110 dedos, ¿cuántos personajes de la serie hay en el dibujo?

22. Calcula a y b para que $x=2$, $y=-1$ sea la solución del siguiente sistema:

$$\begin{cases} ax - 3y = 13 \\ 2x + by = -1 \end{cases}$$

23. Una empresa de alquiler de coches cobra por día y por kilómetros recorridos. Un cliente pagó 160 euros por 3 días y 400 km, y otro pagó 175 euros por 5 días y 300 km. Averigua cuánto cobran por día y por kilómetro.

24. Un inversor compra dos cuadros por 2650 euros. Al cabo de dos años, los vende por 3124 euros ganando en uno de ellos un 20% y en el otro un 15%. ¿Cuánto le costó cada uno?

25. Un joyero tiene dos lingotes de oro, uno con un 80% de pureza y otro con un 95%. ¿Cuánto debe fundir de cada uno para obtener un lingote de 5 kg con un 86% de pureza?

26. Por la mezcla de 5 kg de pintura verde y 3 kg de pintura blanca han pagado 69 euros. Calcula el precio de un kilogramo de pintura blanca y de pintura verde sabiendo que si mezclase un kilogramo de cada una el precio de la mezcla sería de 15 euros.

27. La suma de las dos cifras de un número es 8. Si al número se le añaden 18 unidades, el número resultante está formado por las mismas cifras en orden inverso. ¿Cuál es el número?

28. Añade una ecuación a $3x - 2y = 5$ para formar un sistema que:

    (a) No tenga solución.

    (b) Tenga infinitas soluciones.

    (c) Tenga una única solución. ¿Puede ser esta solución $(x,y) = (3,1)$? ¿Y podría ser $(x,y) = (7,8)$?

29. En un concurso se ganan 200 euros por cada apuesta acertada y se pierden 500 por cada fallo. Después de 20 preguntas, Jesús lleva ganados 500 euros. Calcula por tanteo el número de aciertos y fallos, y resuelve después el problema mediante un sistema de ecuaciones.

30. Margarita y su abuelo cumplen años el mismo día. Curiosamente, este año han utilizado las mismas cifras en las dos tartas de cumpleaños.

    Calcula sus edades sabiendo que las dos cifras suman 8 y Margarita tiene 54 años menos que su abuelo.

31. Calcula dos números tales que el doble del primero menos el triple del segundo sea igual a 30 y que cuatro veces el segundo menos el primero dé como resultado 10.

32. Halla, si es posible, dos números tales que el primero más el doble del segundo sea igual a 5 y que el doble del primero más cuatro veces el segundo sea igual a 7.

33. Se quiere mezclar dos tipos de café. El de mayor calidad cuesta 11 euros el kilo, y el de menor calidad está a 7 euros el kilo. Si se quiere que el producto de la mezcla salga a 9,48 euros/kg, ¿cuántos kilos de cada tipo deben mezclarse para obtener 50 kg de mezcla?

34. En un concurso de matemáticas se propone una prueba de 25 preguntas. Cada una de ellas tiene 5 posibles respuestas de las que solo una es verdadera. Por cada respuesta acertada se obtienen 5 puntos; si se responde de forma errónea se obtienen 0 puntos, y si se deja una pregunta sin respuesta, se obtienen 2.
    (a) Escribe la expresión algebraica que determina la puntuación de un concursante utilizando las indeterminadas, x, número de respuestas acertadas, e y, número de respuestas incorrectas.

(b) Si de un concursante se sabe que ha obtenido 80 puntos, ¿cómo puede deducirse el número de respuestas acertadas, erróneas y no contestadas? Da dos ejemplos posibles.

(c) En dos de las preguntas no contestadas, ese mismo concursante dudaba entre dos de las cinco opciones. ¿Qué puntuación habría obtenido en el caso de haberlas contestado y acertado?

35. En una tienda de productos de imagen y sonido se adquiere un reproductor de música y un televisor. La suma de los precios que marcan los dos productos es de 525 euros, pero el dependiente informa al cliente de que a los aparatos de música se les aplica una rebaja del 6%, y a los televisores, otra del 12%, por lo que en realidad debe pagar 471 euros. ¿Qué precio se ha pagado finalmente por cada uno de estos dos productos? ¿Cuánto costaban antes de las rebajas?

36. Un hijo tiene 30 años menos que su padre y éste tiene 4 veces la edad del hijo. ¿Qué edad tiene cada uno?

37. En un corral hay conejos y gallinas. En total suman 53 cabezas y 176 patas. ¿Cuántos conejos y gallinas hay?

38. Halla un número de dos cifras cuya suma es 10 y tal que el doble de dicho número supera en una unidad al número obtenido invirtiendo sus cifras.

39. Ángel ha comprado 8 bolígrafos de la marca A y 10 de la marca B, pagando un total de 50 euros. Un bolígrafo de la marca B es 50 céntimos más caro que uno de A. ¿Cuál es el precio de cada uno de ellos?

2 Sistemas de tres ecuaciones lineales. Método de Gauss

Un **sistema** de ecuaciones está formado por un conjunto de ecuaciones que contienen una o varias incógnitas. Las **soluciones** de un sistema son los valores que verifican todas las ecuaciones.

Dos sistemas de ecuaciones son **equivalentes** si tienen las mismas soluciones. Dado un sistema, se obtiene otro equivalente a él si:

- Se suma o resta a los dos miembros de una de sus ecuaciones la misma cantidad. También si se multiplican o dividen esos dos miembros por un mismo número distinto de cero.

- Se le suma o resta a una ecuación un múltiplo de otra.

Para resolver un sistema de tres ecuaciones lineales con tres incógnitas se puede aplicar el **método de Gauss**, que consiste en aplicar el método de reducción de forma estructurada para obtener un sistema triangular equivalente, es decir, como el que aparece a continuación:

$$\begin{cases} ax + by + cz = d \\ b'y + c'z = d' \\ c''z = d'' \end{cases}$$

En general, se dan los siguientes pasos:

1. Reducir la segunda y la tercera ecuación con la ayuda de la primera, de forma que las ecuaciones modificadas no contengan la primera incógnita.

2. Reducir la tercera ecuación con la ayuda de la segunda de forma que la ecuación modificada solo contenga la tercera incógnita.

3. Hallar el valor de la tercera incógnita.

4. Sustituir el resultado en la segunda ecuación para encontrar el valor de la segunda incógnita.

5. Resolver la primera ecuación sustituyendo los valores de las dos incógnitas ya calculadas.

Este método puede extenderse a sistemas de cuatro o más ecuaciones lineales.

Para aplicar con más facilidad el método de Gauss, el coeficiente de la primera incógnita en la primera ecuación conviene que sea 1 ó -1. Esto facilita la reducción de las demás ecuaciones. Además, siempre se puede modificar el orden de las ecuaciones y multiplicarlas o dividirlas por números convenientes no nulos.

Ejercicio resuelto 2.1

Resuelve y clasifica el sistema:

$$\begin{cases} x + 2y - 3z = 7 \\ 2x + y - z = 6 \\ 3x - y - z = 6 \end{cases}$$

Se reducen la segunda y la tercer ecuacion restándoles el doble y el triple de la primera, respectivamente.

Análogamente se reduce la tercera ecuación, multiplicándola por 3 y restándole 7 veces la segunda:

$$\begin{cases} x + 2y - 3z = 7 \\ -3y + 5z = -8 \\ -7y + 8z = -15 \end{cases} \Rightarrow \begin{cases} x + 2y - 3z = 7 \\ -3y + 5z = -8 \\ -11z = 11 \end{cases}$$

Se resuelve el sistema triangular obtenido: De la tercera ecuación, se obtiene que $z = -1$, sustiyuendo este valor en la segunda ecuación y despejando y, se obtiene que $y = 1$ y, por último, sustituimos ambos valores en la primera ecuación y despejamos x, obteniendo que $x = 2$. La solución es única; por tanto, el sistema es compatible determinado.

Ejercicio resuelto 2.2

Resuelve y clasifica el sistema:

$$\begin{cases} 2x + y + z = 5 \\ 2x - y + 3z = 3 \\ 3x + 2y + z = 8 \end{cases}$$

Se reducen las ecuaciones hasta obtener un sistema triangular equivalente. Restamos a la segunda fila la primera y a la tercera fila multiplicada por 2, la segunda multiplicada por 3:

$$\begin{cases} 2x + y + z = 5 \\ 2x - y + 3z = 3 \\ 3x + 2y + z = 8 \end{cases} \Rightarrow \begin{cases} 2x + y + z = 5 \\ -2y + 2z = -2 \\ y - z = 1 \end{cases}$$

Por último, a la segunda fila le sumamos dos veces la tercera fila:

$$\begin{cases} 2x + y + z = 5 \\ -2y + 2z = -2 \\ y - z = 1 \end{cases} \Rightarrow \begin{cases} 2x + y + z = 5 \\ -2y + 2z = -2 \\ 0 = 0 \end{cases}$$

La ecuación 0 = 0 siempre se verifica, así que se puede prescindir de ella. El sistema triangular está formado por dos ecuaciones y tres incógnitas, por lo que tiene infinitas soluciones, es decir, el sistema es compatible indeterminado. Para determinar las soluciones se le da valor de parámetro a una de las incógnitas. Por ejemplo: $z = t$. Sustituyendo y despejando y en la segunda ecuación, obtenemos que $y = 1 + t$ y haciendo lo mismo en la primera ecuación, tenemos que $x = 2 - t$. Por tanto la solución del sistema es $(x, y, z) = (2 - t, 1 + t, t)$ para todo $t \in \mathbb{R}$.

Ejercicio resuelto 2.3

Resuelve y clasifica el sistema:

$$\begin{cases} x + y - z = 5 \\ 2x - 3y - z = 3 \\ 3x - 2y - 2z = 5 \end{cases}$$

Se reducen las ecuaciones hasta obtener un sistema triangular equivalente, primero le restamos a la segunda fila la primera multiplicada por 2 y a la tercera la primera multiplicada por 3.

$$\begin{cases} x + y - z = 5 \\ 2x - 3y - z = 3 \\ 3x - 2y - 2z = 5 \end{cases} \Rightarrow \begin{cases} x + y - z = 5 \\ -5y + z = -7 \\ -5y + z = -10 \end{cases}$$

A continuación, le restamos a la tercera la segunda fila:

$$\begin{cases} x + y - z = 5 \\ -5y + z = -7 \\ -5y + z = -10 \end{cases} \Rightarrow \begin{cases} x + y - z = 5 \\ -5y + z = -7 \\ 0 = -3 \end{cases}$$

La igualdad $0 = -3$ nunca se verifica; por tanto, el sistema no tiene solución y es incompatible.

Ejercicio resuelto 2.4

Calcula la expresión algebraica del polinomio $P(x)$ que verifica todas las condiciones siguientes.

- *Es de grado 4.*

- *El término independiente es nulo, y el de mayor grado tiene coeficiente 1.*

- *Es divisible por $x - 2$.*

- *El resto de dividirlo entre $x - 3$ vale 15.*

- *El valor numérico en $x = -1$ es -9.*

De las dos primeras condiciones, el polinomio $P(x)$ es de la forma $P(x) = x^4 + ax^3 + bx^2 + cx$. Al ser divisible por $x - 2$, entonces $P(2) = 0$, es decir, $16 + 8a + 4b + 2c = 0$, lo que es equivalente a que $4a + 2b + c = -8$. Como $P(3) = 15$, entonces $81 + 27a + 9b + 3c = 15$ y simplificando, $9a + 3b + c = -22$. Por último, como $P(-1) = -9$, entonces $1 - a + b - c = -9$, es decir, $a - b + c = 10$. Por tanto, hay que resolver el sistema:

$$\begin{cases} a - b + c = 10 \\ 4a + 2b + c = -8 \\ 9a + 3b + c = -22 \end{cases}$$

Se aplica el método de Gauss: A la segunda fila se le resta 4 veces la primera fila y a la tercera se le resta 9 veces la primera, quedando

$$\begin{cases} a - b + c = 10 \\ 4a + 2b + c = -8 \\ 9a + 3b + c = -22 \end{cases} \Rightarrow \begin{cases} a - b + c = 10 \\ 6b - 3c = -48 \\ 12b - 8c = -112 \end{cases}$$

Y ahora, a la tercera fila se le resta dos veces la segunda:

$$\begin{cases} a - b + c = 10 \\ 6b - 3c = -48 \\ 12b - 8c = -112 \end{cases} \Rightarrow \begin{cases} a - b + c = 10 \\ 6b - 3c = -48 \\ -2c = -16 \end{cases}$$

A partir de la última ecuación, obtenemos que $c = 8$, sustituyendo este valor en la segunda ecuación se obtiene que $b = -4$ y por último, de estos valores sustituidos en la primera ecuación se obtiene que $a = 10$. Por tanto, el polinomio buscado es: $P(x) = x^4 - 2x^3 - 4x^2 + 8x$.

Ejercicios

40. Determina si $x = 1, y = 2, z = 3$ es solución del siguiente sistema:

$$\begin{cases} x + y + z = 6 \\ 3x - 2y + z = 2 \\ 2x + y + z = 5 \end{cases}$$

41. Resuelve los siguientes sistemas lineales.

(a) $\begin{cases} x + 2y - 2z = 2 \\ 3x - 3y + z = -14 \\ 5x - y - 2z = -15 \end{cases}$ (b) $\begin{cases} 2x + 4y - z = 0 \\ 3x - 3y - 2z = -1 \\ 3x - 3y + 2z = 5 \end{cases}$

(c) $\begin{cases} 2x + y - z = 11 \\ 2x - 2y - z = 8 \\ x + y - z = 7 \end{cases}$

(d) $\begin{cases} 4x + y - 5z = 5 \\ 5x - y - z = 13 \\ 4x - 2y - 3z = 14 \end{cases}$

(e) $\begin{cases} x + y - 2z = 0 \\ 2x - 3y + 3z = 4 \\ 5x - 5y + 4z = 8 \end{cases}$

(f) $\begin{cases} 5x + 2y - 2z = 0 \\ 3x - y + 3z = 0 \\ 8x + y + z = -1 \end{cases}$

(g) $\begin{cases} x + 3y - 2z = 0 \\ x - y + 3z = 0 \\ 2x + 2y + z = 0 \end{cases}$

(h) $\begin{cases} 2y - z = -1 \\ 5x - y - 3z = 2 \\ x - y + 2z = -2 \end{cases}$

(i) $\begin{cases} 3x + 2y + 5z = 4 \\ 2y = -4 \\ 3y + 4z = 2 \end{cases}$

(j) $\begin{cases} -2x + 6y - 3z = 2 \\ 5x - 2y = 4 \\ 3x + y = 9 \end{cases}$

42. Resuelve los siguientes sistemas lineales.

(a) $\begin{cases} 2x - y - z = 0 \\ 5x + 8y + 2z = 3 \\ -x + z = 1 \end{cases}$

(d) $\begin{cases} 2x - 4y + 3z = 4 \\ -6x + 2y + 6z = -2 \\ 4x - 2y - 9z = 0 \end{cases}$

(b) $\begin{cases} 2x - y - 4z = 7 \\ 4x - 2y + 3z = -8 \\ x + 3y - z = 12 \end{cases}$

(e) $\begin{cases} x + y + z = 2 \\ 3x + 3y + 3z = 6 \\ -2x - 2y - 2z = -4 \end{cases}$

(c) $\begin{cases} 2x + 10y + 6z = 10 \\ 3x - 4y - 2z = 2 \\ 6x + 3y - 3z = 33 \end{cases}$

(f) $\begin{cases} 2x + y + 3z = 6 \\ 5x - y + z = 2 \\ 2x + y + 3z = 10 \end{cases}$

43. Resuelve los siguientes sistemas lineales.

(a) $\begin{cases} 2x + y = 8 \\ -x + 3y + 2z = 5 \\ 2x - 4y + 6z = 4 \end{cases}$

(b) $\begin{cases} 2x + 3y + z = 6 \\ 5x + y - 6z = -15 \\ -3x - 2y + 3z = 5 \end{cases}$

(c) $\begin{cases} x + 3y - z = 9 \\ 4x - y + z = -5 \\ -x - 2y = -4 \end{cases}$

(d) $\begin{cases} x + y + z = -3 \\ 6x - 3y + 2z = -5 \\ 3x + 5y - 3z = 5 \end{cases}$

(e) $\begin{cases} x + 3y - 2z = 6 \\ 2x + 3y - 2z = 8 \\ 4x + 2y - 6z = 6 \end{cases}$

(f) $\begin{cases} x + 2y - 3z = 3 \\ 3x - 2y + z = 7 \\ 5x + 2y - 5z = 1 \end{cases}$

(g) $\begin{cases} 2x + y - 2z = 8 \\ 2x - 4y + 3z = -2 \\ 4x - y + 6z = -4 \end{cases}$

(h) $\begin{cases} x + 3y - 2z = -6 \\ 2x - 3y + 5z = 6 \\ 5x - 3y + 8z = 6 \end{cases}$

(i) $\begin{cases} x + 2y - 2z = 4 \\ 2x + 5y - 2z = 10 \\ 4x + 9y - 6z = 18 \end{cases}$

(j) $\begin{cases} x + 2y - z = -5 \\ 5x - y + 2z = 11 \\ 6x + y + z = 5 \end{cases}$

(k) $\begin{cases} 2x + y + z = 0 \\ 3x + 2y - 2z = 15 \\ x + y - z = 7 \end{cases}$
(l) $\begin{cases} x + 3y - 2z = 4 \\ 2x + 2y + z = 3 \\ 3x + 2y + z = 5 \end{cases}$

44. Resuelve el siguiente sistema de cuatro ecuaciones con cuatro incógnitas:

(a) $\begin{cases} x + y - z = -2 \\ 3x - 2y + 2z - u = 6 \\ x - 2y = -2 \\ y + z + u = 2 \end{cases}$

(b) $\begin{cases} x + y + z + u = 0 \\ x - y - z + u = -2 \\ -x + y - z - u = -6 \\ x - y + z - u = 2 \end{cases}$

(c) $\begin{cases} x + 3y - 2z + 2w = 12 \\ 2x - 2y - z + w = 5 \\ 3x + y - 2z - 4w = 16 \\ 3x - 3z - 3w = 15 \end{cases}$

45. Calcula el valor de k para que el siguiente sistema de ecuaciones tenga infinitas soluciones.

$$\begin{cases} x + 2y - 2z = 4 \\ 2x + 5y - 2z = 10 \\ 4x + 9y - 6z = k \end{cases}$$

Para el valor de k anterior, escribe todas las soluciones.

46. Calcula los valores de k que hacen que el siguiente sistema sea incompatible.

$$\begin{cases} x + 2y - 3z = 3 \\ 3x - 2y + z = 7 \\ 5x + 2y - 5z = k \end{cases}$$

47. Dado el polinomio $P(x) = ax^2 + bx + c$, calcula los números a, b y c de manera que $P(1) = 6$, $P(2) = 24$ y $P(0) = -2$.

48. Las tres cifras de un número suman 18. Si se permutan las dos primeras cifras, el número disminuye en 90 unidades, mientras que si se permutan las dos últimas, el número disminuye en 9 unidades. Calcula dicho número.

49. Calcula los cómics que tienen Pedro, Juan y Paola sabiendo que entre los tres tienen 40; que Pedro tiene tantos como Juan y Paola juntos, y que la mitad de los de Pedro y Juan es el doble de los de Paola.

50. Una clase tiene 31 alumnos que cursan tres optativas A, B y C. Los que cursan la B son uno menos que el doble de los que cursan la A y tres más que los que cursan la A o la C. ¿Cuántos alumnos cursan cada optativa?

51. Una persona ha invertido 15000 euros en tres tipos de acciones con las siguientes rentabilidades: las de tipo A, un 2%; las de tipo B, un 3%, y las de tipo C, un 5%. Si obtiene un beneficio de 540 euros y en las de tipo A invirtió la mitad de lo invertido entre las de tipo B y las de tipo C, ¿cuánto dinero invirtió en cada tipo de acciones?

52. El doble de la suma de tres números es 13. El primero es igual a la suma del tercero y el doble del segundo. El primero y el tercero suman 3. Calcula los tres números.

53. En una clase de primero de Bachillerato hay tantos alumnos que estudian Tecnología de la información como alumnos que estudian Comunicación audiovisual. Sin embargo, el número de alumnos que estudian Francés es inferior en una unidad al de los que estudian Tecnología de la información. Calcula el número de alumnos que cursan cada una de las materias mencionadas sabiendo que en la clase hay 35 alumnos y que cada uno de ellos sólo está matriculado en una de las asignaturas.

54. Halla un número de tres cifras sabiendo que su suma es 12, que la cifra de las unidades es igual a la semisuma de las cifras de las centenas y de las decenas y que, por último, el número que resulta al invertir las cifras del buscado es 198 unidades más pequeño que este.

55. Se consideran tres barras de metal compuestas de la siguiente forma:

    - Primera barra: 30 g de oro, 45 de plata y 75 de cobre.
    - Segunda barra: 60 g de oro, 30 de plata y 135 de cobre.
    - Tercera barra: 45 g de oro, 60 de plata y 75 de cobre.

    ¿Qué cantidad deberá tomarse de cada una de las barras para obtener otra que contenga 64,5 g de oro, 69 de plata y 136,5 de cobre?

56. Los catetos de un triángulo rectángulo miden 27 y 36 cm, respectivamente. Con centro en los vértices del triángulo, se trazan tres circunferencias de forma que son tangentes exteriores dos a dos. Calcula los radios de las tres circunferencias.

57. Se dispone de un recipiente de 24 L de capacidad y de tres medidas A, B y C. Se sabe que el volumen de A es el doble que el de B, que las tres medidas llenan el depósito y que las dos primeras lo llenan hasta la mitad. ¿Qué capacidad tiene cada medida?

58. Un almacenista trabaja con tres tipos de televisores. Cada televisor del primer tipo le cuesta 180 euros; el del segundo tipo, 90 euros, y el del tercer tipo, 30 euros. Un pedido de 105 unidades tiene un importe total de 9600 euros. Determina el número de televisores pedidos de cada clase sabiendo que el número de televisores del segundo tipo es el doble que los del primero y tercer tipo juntos.

59. Halla tres números sabiendo que el primero es igual a dos veces el segundo más la mitad del tercero, que la suma del segundo y el tercero es igual al primero más 1, y que, si se resta el segundo de la suma del primero con el tercero, el resultado es 5.

60. De un número impar x se sabe que está comprendido entre 200 y 600, que la suma de sus cifras es 16 y que la segunda cifra es la suma de la primera y la tercera. ¿Se puede determinar x, o hay más de una posibilidad? En este caso, ¿cuántas hay?

61. Halla la expresión de un polinomio de tercer grado que verifique que: $P(0) = 0$, $P(1) = 0$, $P(-1) = 2$ y $P(-2) = -6$.

62. Para equipar un polideportivo se quieren adquirir balones por valor de 500 euros. En el mercado existen balones de 40, 25 y 5 euros. Deben comprarse por lo menos uno de cada y un total de 24 unidades. ¿Qué posibilidades tenemos?

3 Sistemas de ecuaciones de segundo grado

Una ecuación de segundo grado con dos incógnitas es aquella que se puede expresar de la forma:

$$ax^2 + by^2 + cxy + dx + ey + f = 0$$

Observa cómo se resuelven sistemas de ecuaciones de segundo grado con dos incógnitas según el tipo de ecuación o ecuaciones de segundo grado que aparezcan en él.

Una ecuación lineal y la otra de segundo grado. Se aplica el método de sustitución despejando una incógnita de la ecuación lineal y sustituyendo la expresión que resulta de la ecuación de segundo grado.

Ejercicio resuelto 3.1

Resuelve el sistema
$$\begin{cases} x - 3y = -1 \\ 2x^2 + y^2 = 33 \end{cases}$$

En primer lugar, despejamos la variable x de la primera ecuación, $x = 3y - 1$ y la sustituimos en la segunda:

$$2(3y-1)^2 + y^2 = 2(1 - 6y + 9y^2) + y^2 = 2 - 12y + 18y^2 + y^2 = 33$$

o, equivalentemente, $19y^2 - 12y - 31 = 0$. Aplicamos la fórmula para la resolución de ecuaciones de segundo grado:

$$y = \frac{12 \pm \sqrt{(-12)^2 - 4 \cdot 19 \cdot (-31)}}{2 \cdot 19} = \frac{12 \pm 50}{38} = \begin{cases} y = \frac{31}{19} \\ y = -1 \end{cases}$$

- Cuando $y = \frac{31}{19}$, $x = -1 + 3 \cdot \frac{31}{19} = \frac{74}{19}$.
- Si $y = -1$, $x = -1 + 3 \cdot (-1) = -4$.

Con esto, el sistema tiene dos soluciones, $(x,y) = \left(\frac{74}{19}, \frac{31}{19}\right)$ y $(x,y) = (-4,-1)$.

Las dos ecuaciones de segundo grado. En este caso solo estudiaremos algunos tipos:

- Si en las dos ecuaciones solo aparecen términos que continen x^2 o y^2, lo más sencillo es aplicar el método de reducción.

Ejercicio resuelto 3.2

Resuelve el sistema

$$\begin{cases} x^2 + 2y^2 = 9 \\ 4x^2 - 3y^2 = -8 \end{cases}$$

En primer lugar, multiplicamos la primera fila por -4 y se la sumamos a la segunda

$$\begin{cases} -4x^2 - 8y^2 = -36 \\ 4x^2 - 3y^2 = -8 \end{cases} \Rightarrow -11y^2 = -44$$

de donde $y^2 = 4$, es decir, $y = \pm 2$.

- Si $y = 2$, entonces $x^2 + 8 = 9$, es decir, $x^2 = 1$, o sea, $x = \pm 1$.
- Si $y = -2$, entonces $x^2 + 8 = 9$, es decir, $x^2 = 1$, o sea, $x = \pm 1$.

Por tanto, el sistema tiene cuatro soluciones: $(1,2)$, $(-1,2)$, $(1,-2)$ y $(-1,-2)$.

- Si en una de las ecuaciones solo aparecen términos que contienen x^2, y^2 o ambas, y en la otra únicamente aparece xy, lo más sencillo es aplicar el método de sustitución.

Ejercicio resuelto 3.3

Resuelve el sistema

$$\begin{cases} 3xy = 6 \\ x^2 + y^2 = 5 \end{cases}$$

Despejamos y de la primera ecuación, $y = \frac{2}{x}$ y sustituimos en segunda:

$$x^2 + \left(\frac{2}{x}\right)^2 = x^2 + \frac{4}{x^2} = 5$$

o, lo que es equivalente, $x^4 + 4 = 5x^2$, que es una ecuación bicuadrada. Hacemos el cambio $t = x^2$ y resolvemos la ecuación de segundo grado $t^2 - 5t + 4 = 0$:

$$t = \frac{5 \pm \sqrt{(-5)^2 - 4 \cdot 1 \cdot 4}}{2} = \frac{5 \pm 3}{2} = \begin{cases} t = 4 \\ t = 1 \end{cases}$$

por lo que, deshaciendo el cambio, $x = \pm 2$ y $x = \pm 1$.

- Si $x = 2$, entonces $y = \frac{2}{2} = 1$.
- Si $x = -2$, entonces $y = \frac{2}{-2} = -1$.
- Si $x = 1$, entonces $y = \frac{2}{1} = 2$.
- Si $x = -1$, entonces $y = \frac{2}{-1} = -2$.

Así pues, el sistema tiene cuatro soluciones: $(x,y) = (2,1)$, $(x,y) = (-2,-1)$, $(x,y) = (1,2)$ y $(x,y) = (-1,-2)$.

Observad que en el primer paso de la resolución del sistema del ejemplo anterior, en la primera ecuación, se ha dividido todo por x teniendo en cuenta que x es distinto de cero. Cada vez que se divide por una variable hay que asegurarse de que esta no puede tomar el valor 0.

Ejercicio resuelto 3.4

Problema tipo - Recaudación constante, condiciones diferentes: *Para sufragar las actividades deportivas de un Ayuntamiento se organiza una rifa. En ella se vende un cierto número de papeletas por un valor total de 3300 euros. Para conseguir el mismo dinero pero rebajando el precio de cada papeleta en un 20%, deberían vender 110 papeletas más. Halla el número inicial de papeletas que se vendían y su precio.*

En esta clase de problemas, la recaudación, coste o precio al que están sometidas las variables es fijo, mientras que lo que cambian son los valores con los que interactúan las variables del problema.

Se supone que inicialmente son x papeletas a un precio de y euros cada una. El coste total es de 3300 euros. Por tanto: $x \cdot y = 3300$.

El coste no varía si se aumenta en 110 el número de papeletas y el precio pasa a ser de $0,8y$. Por tanto: $(x+110) \cdot 0,8y = 3300$. Así, hay que resolver el sistema:

$$\begin{cases} xy = 3300 \\ (x+110) \cdot 0,8y = 3300 \end{cases} \Rightarrow \begin{cases} xy = 3300 \\ 0,8xy + 88y = 3300 \end{cases}$$

Sustituimos xy por 3300 en la segunda ecuación y tenemos que $88y = 660$, de donde $y = 7,5$ y sustituyendo en la primera ecuación: $7,5x = 3300$, por lo que $x = 440$. En el supuesto inicial se deberían vender 440 papeletas a 7,50 euros cada una.

Ejercicio resuelto 3.5

Problema tipo - Grifos: *Dos caños A y B llenan juntos una piscina en dos horas, A lo hace por sí solo en tres horas menos que B. ¿Cuántas horas tarda a cada uno separadamente?*

Uno de los problemas que más cuesta plantear es este en el que nos informan de lo que tardan dos grifos en llenar un recipiente y hemos de calcular cuánto tardarían por separado, o viceversa.

Todo el problema se basa en identificar que si un grifo necesita x horas para llenar un recipiente, cada hora llena una fracción de $\frac{1}{x}$ del recipiente.

De esta manera, la restricción difícil: "Dos caños A y B llenan juntos una piscina en dos horas" se expresa mediante la ecuación $\frac{2}{x}+\frac{2}{y}=1$, donde x es lo que tarda el grifo A e y lo que tarda B, es decir, dos veces la parte que llena cada grifo en una hora da como resultado una unidad completa.

La otra restricción, "A lo hace por sí solo en tres horas menos que B", luego $y=x+3$, lo que forma el sistema:

$$\begin{cases} x + 3 = y \\ \frac{2}{x} + \frac{2}{y} = 1 \end{cases}$$

sustituyendo $y=x+3$ en la segunda ecuación,

$$\frac{2}{x}+\frac{2}{x+3}=1 \Rightarrow \frac{2(x+3)+2x}{x(x+3)}=1 \Rightarrow 4x+6=x^2+3x$$

cuyas soluciones son $x=\frac{1\pm\sqrt{1+24}}{2}$, que tiene como solución que $x=3$ (ya que la solución $x=-2$ no tiene sentido en el problema). Por último, sustituyendo en la primera ecuación $y=6$.

Ejercicio resuelto 3.6

Resuelve el sistema:

$$\begin{cases} \frac{x-2y}{x+2y} + \frac{x+2y}{x-2y} = \frac{10}{3} \\ x + 3y = 7 \end{cases}$$

Primero operamos, multiplicando por el m.c.m. de los denominadores y simplificamos la primera ecuación:

$$\frac{x-2y}{x+2y}(3(x^2-4y^2))+\frac{x+2y}{x-2y}(3(x^2-4y^2))=\frac{10}{3}(3(x^2-4y^2))$$

que es equivalente a

$$3x^2+12y^2-12xy+3x^2+12y^2+12xy=10x^2-40y^2$$

y queda al final $x^2=16y^2$, por lo que $x=\pm 4y$. Ahora resolvemos los dos sistemas equivalentes al primero:

- $\begin{cases} x = 4y \\ x + 3y = 7 \end{cases}$. Sustituimos el valor de x en la segunda ecuación y obtenemos que $4y+3y=7y=7$ por lo que $y=1$ y $x=4$.

- $\begin{cases} x = -4y \\ x + 3y = 7 \end{cases}$. Sustituimos el valor de x en la segunda ecuación y obtenemos que $-4y+3y=-y=7$ por lo que $y=-7$ y $x=28$.

Ejercicios

63. En los sistemas de ecuaciones de segundo grado, ¿deben ser las dos ecuaciones de segundo grado?

64. Resuelve los siguientes sistemas, y observa los resultados. ¿Qué relación hay entre las distintas soluciones de cada uno de ellos? ¿Por qué ocurre esto?

(a) $\begin{cases} 2x^2 + 2y^2 = 10 \\ 3xy = 6 \end{cases}$

(b) $\begin{cases} x^2 + y^2 = 5 \\ xy + 3 = 1 \end{cases}$

65. Resuelve los siguientes sistemas de ecuaciones de segundo grado:

(a) $\begin{cases} x^2 + y^2 = 5 \\ 3x - y = -5 \end{cases}$

(b) $\begin{cases} x^2 - 2y^2 = 1 \\ y + 3x = 7 \end{cases}$

(c) $\begin{cases} x - 2y^2 = -2 \\ 4y - x = 2 \end{cases}$

(d) $\begin{cases} 5x + 3y = -2 \\ 3x^2 - 2y^2 = 1 \end{cases}$

(e) $\begin{cases} 4x^2 - 2y^2 = 3 \\ 5x + 2y = 1 \end{cases}$

(f) $\begin{cases} 5x + 2y = 1 \\ -2xy + 4y = 2 \end{cases}$

66. Resuelve los siguientes sistemas de ecuaciones de segundo grado:

(a) $\begin{cases} 2x^2 - 3y^2 = 6 \\ 3x^2 + y^2 = 4 \end{cases}$

(b) $\begin{cases} x + y = 8 \\ xy = 12 \end{cases}$

(c) $\begin{cases} 2xy + 3y = 2 \\ 5x + 2y = -1 \end{cases}$

(d) $\begin{cases} 2x^2 - y^2 = -1 \\ 2xy + 8 = -4 \end{cases}$

(e) $\begin{cases} x^2 + y^2 = 13 \\ xy - 4 = 2 \end{cases}$

(f) $\begin{cases} x^2 + y^2 = 5 \\ 3x^2 - 2y^2 = 10 \end{cases}$

(g) $\begin{cases} 2x^2 - 3y^2 = 8 \\ 3x^2 + 5y^2 = 12 \end{cases}$

(h) $\begin{cases} 2x^2 - y^2 = -7 \\ y^2 = 7x + 4 \end{cases}$

(i) $\begin{cases} x^2 + y^2 = 26 \\ x^2 - y^2 = 24 \end{cases}$

(j) $\begin{cases} x^2 - 5y = -1 \\ 3x + 2y = 8 \end{cases}$

67. Resuelve los siguientes sistemas de ecuaciones de segundo grado:

(a) $\begin{cases} x^2 - 2y^2 = 1 \\ -x + 6y = 15 \end{cases}$

(b) $\begin{cases} xy - 2x = -5 \\ 3x - 8 = 7y \end{cases}$

(c) $\begin{cases} 3x - 2y = 3 \\ xy - 2y = 2x - y \end{cases}$

(d) $\begin{cases} 5x^2 + y^2 = 16 \\ 3x^2 - y^2 = -16 \end{cases}$

(e) $\begin{cases} x^2 + y^2 = 20 \\ 3x^2 - 2y^2 = -20 \end{cases}$

(f) $\begin{cases} x^2 - y^2 = 5 \\ 3xy - 9 = 9 \end{cases}$

(g) $\begin{cases} 3x^2 - 4y^2 = 11 \\ -2x^2 + 3y^2 = -2 \end{cases}$

(h) $\begin{cases} 3x - 2y = 8 \\ 2x^2 + y^2 = 16 \end{cases}$

(i) $\begin{cases} -5x^2 + 2y^2 = 13 \\ 4x^2 - 3y^2 = -23 \end{cases}$

(j) $\begin{cases} 2x^2 - y^2 = -8 \\ xy + 5 = -3 \end{cases}$

68. Calcula las soluciones de los siguientes sistemas:

(a) $\begin{cases} xy = -4 \\ x^2 - 2x + y = -2 \end{cases}$

(b) $\begin{cases} x - 6y = -6 \\ 2x^2 + y^2 = 76 \end{cases}$

(c) $\begin{cases} 3xy - 2x^2 = -26 \\ 4x + 5y = -7 \end{cases}$

(d) $\begin{cases} 3x + \frac{y}{2} = 15 \\ \frac{2}{x} + \frac{3}{y} = 1 \end{cases}$

(e) $\begin{cases} 2x + 4y = 10 \\ x^2 + 3xy = -8 \end{cases}$

(f) $\begin{cases} 3x^2 + 5y^2 = 20 \\ 4x^2 - y^2 = -4 \end{cases}$

(g) $\begin{cases} x^2 - 2(x-y)^2 = 36 \\ \frac{x}{2} + \frac{y}{3} = 5 \end{cases}$

69. Las longitudes de los lados de un rectángulo difieren en 3 cm y su área es 28 cm². Halla sus dimensiones.

70. La diagonal de un rectángulo mide 20 cm y su área es de 192 cm². Halla sus dimensiones.

71. La suma de los cuadrados de dos números es 13, y la diferencia entre ambos cuadrados, 5. Calcula dichos números.

72. Halla las dimensiones de un rectángulo del que conocemos su perímetro, 34 m, y su área, 60 m².

73. Un triángulo isósceles mide 32 cm de perímetro y la altura correspondiente al lado desigual mide 8 cm. Calcula los lados del triángulo.

74. El área total de un cilindro es 112π cm², y entre el radio y la altura suman 14 cm. Halla su volumen.

75. Un grifo tarda el doble de tiempo que otro en llenar un cubo de agua. Si abrimos los dos, el cubo se llena en 3 minutos. ¿Cuánto tarda cada uno por separado?

76. Un grupo de amigos alquila una furgoneta por 490 euros para hacer un viaje. A última hora se apuntan dos más y así se devuelven 28 euros a cada uno de los otros. ¿Cuántos fueron de excursión y cuánto pagó cada uno?

77. Un comerciante quiere vender por 60000 euros los ordenadores que tiene en su almacén. Pero se le estropean dos y tiene que vender los otros 50 euros más caros para recaudar lo mismo. ¿Cuántos ordenadores tenía y a qué precio los vendió?

78. Un transportista va a una ciudad que está a 300 km de distancia. Al volver, su velocidad media ha sido superior en 10 km/h a la velocidad de ida, y ha tardado una hora menos. Calcula las velocidades y los tiempos empleados a la ida y a la vuelta.

79. Tenemos una parcela rectangular. Si su base disminuye en 80 m y su altura aumenta en 40 m, se convierte en un cuadrado. Si disminuye en 60 m su base y su altura aumenta en 20 m, entonces su área disminuye en 400 m². ¿Cuáles son las dimensiones de la parcela?

80. Halla las dimensiones de un rectángulo cuya diagonal mide 13 m, y su área, 60 m².

81. El lado de un rombo mide 5 cm, y su área, 24 cm². Calcula la longitud de sus diagonales.

82. Las dos cifras de un número se diferencian en una unidad. Si dividimos dicho número entre el que resulta de invertir el orden de sus cifras, el cociente es 1,2. ¿Cuál es ese número?

83. Halla el radio y la generatriz de un cono que tiene 15 cm de altura y cuya área lateral es de $136\pi \text{cm}^2$.

84. Un grifo llena un depósito de agua en 2 horas. Otro grifo lo llena en 3 horas. ¿Cuánto tardará en llenarse el depósito si abrimos los dos a la vez?

85. El área de un triángulo rectángulo es de 60 metros cuadrados, y la hipotenusa mide 17 metros. Halla las longitudes de sus catetos.

86. La diagonal de un rectángulo mide 15 cm, y su área, 108 cm². Calcula sus dimensiones.

87. Calcula el radio de la base y la altura de un cilindro sabiendo que su volumen es $20\pi \text{cm}^3$ y su área lateral, de $20\pi \text{cm}^2$.

88. El área de un rombo es igual a 96 cm². Sabiendo que con los cuatro lados del rombo se puede formar un cuadrado de 40 cm de perímetro, calcula la medida de las diagonales del rombo.

89. Un conductor hace su viaje de 300 km en dos etapas, circulando en cada una a velocidad constante y recorriendo en la segunda el doble de kilómetros que en la primera. En la segunda etapa su velocidad ha sido de 20 km/h más que en la primera y ha tardado tres cuartos de hora más en realizarla. ¿Cuál ha sido la velocidad en cada etapa?

90. El área de un rectángulo es igual a 15 cm² y su base mide 2 cm más que su altura. Calcula las dimensiones del rectángulo.

91. El área de un rectángulo de diagonal 10 cm mide 48 cm².

    (a) Calcula el valor de las expresiones algebraicas $A = \sqrt{x^2+y^2}$ y $B = xy$ e interpreta su significado.

    (b) Calcula el valor de la expresión radical $L = \sqrt{A+2B}$ e interpreta su significado.

    (c) Calcula el valor del perímetro del rectángulo.

    (d) Calcula las dimensiones del rectángulo.

92. Un técnico informático espera obtener 360 euros por la reparación de varios equipos. El técnico se da cuenta de que cuatro ordenadores no tienen posible reparación y, para obtener el mismo beneficio, aumenta en 4,50 euros el precio que va a cobrar por cada equipo reparado. ¿Cuántos ordenadores tenía al principio? ¿A qué precio cobrará finalmente cada reparación?

93. El área de un rectángulo mide 12 cm². Si se forma un nuevo rectángulo cuyas dimensiones miden, respectivamente, 4 y 2 cm más que las del inicial, la nueva área resulta ser de 40 cm². Calcula las dimensiones de los dos rectángulos, así como sus perímetros.

94. La suma de dos números es 3 y su producto es −4. Hallar los números.

95. Determina dos números cuya suma es 9 y su producto 18.

96. La diferencia de dos números es 5 y su producto 14. Hallar los números

97. Hallar dos números cuya suma es 9 y la suma de sus cuadrados es 53.

98. Determina dos números cuya suma de sus cuadrados es 13 y la diferencia de sus cuadrados es 5.

99. Hallar un número que es $\frac{3}{5}$ del otro y el producto de ellos resulta 2160.

100. La diferencia entre un número y el doble de otro número es 5. Si el producto de ellos es 18, ¿cuáles son los números?

101. La diferencia entre dos números es 8 y la suma de sus cuadrados es 34. ¿Cuáles son los números?

102. La diferencia entre el quíntuplo del cuadrado de un número y el cuadrado de otro número es 11. Si la suma del primero con el cuadrado del segundo resulta también 11. ¿Cuáles son los números?

103. ¿Cuánto mide la diagonal de un rectángulo cuya área mide 24 cm² si sus lados están en la razón de 2 : 3?

104. La hipotenusa de un triángulo rectángulo mide 10 cm. Si la diferencia entre sus catetos es 2 cm. ¿Cuál es el perímetro de dicho triángulo?

105. La suma de los cuadrados de dos números es 18. Si al cuadrado del primero se le suma el producto entre ambos números resulta 0. ¿Cuáles son los números?

106. La diferencia entre dos números es 4. Al sumar sus cuadrados a la diferencia de su producto resulta 112. ¿Cuáles son los números?

107. El área de un rectángulo es 60 m². Si su diagonal mide 13 m. ¿Cuál es el perímetro del rectángulo?

108. La suma de los cuadrados de dos números es $\frac{5}{36}$. ¿Cuáles son los números si su diferencia es $\frac{1}{6}$?

109. Las dos cifras de un número suman 11 y el producto de dicho número por el que se obtiene de invertir sus cifras es 3154. Halla dicho número.

110. Un caño tarda dos horas más que otro en llenar un depósito y abriendo los dos juntos se llena en 1 hora y 20 minutos. ¿Cuánto tiempo tardará en llenarlo cada uno por separado?

4 Sistemas de ecuaciones exponenciales y logarítmicas

El sistema de la forma:
$$\begin{cases} 2^x + 3^y = 5 \\ 2^{x+1} - 3^y = 7 \end{cases}$$

es un **sistema de ecuaciones exponenciales**. Para resolver este tipo de sistemas resulta útil cambiar las incógnitas para transformar el sistema en uno más sencillo que pueda resolverse por sustitución o reducción. En este caso, si $u = 2^x$ y $v = 3^y$, entonces:

$$\begin{cases} u + v = 5 \\ 2u - v = 7 \end{cases}$$

La solución de este sistema es: $u = 4$, $y = 1$. Deshaciendo el cambio:

- $u = 2^x = 4$, por lo que $x = 2$.

- $v = 3^y = 1$, por lo que $y = 0$.

Sistemas de ecuaciones logarítmicas. Los sistemas de ecuaciones logarítmicas están formados por un conjunto de ecuaciones, alguna de las cuales es logarítmica. Para resolver estos sistemas se utilizan los mismos métodos que se aplican a los sistemas de ecuaciones lineales y las propiedades de los logaritmos.

Ejercicio resuelto 4.1

Resuelve el sistema de ecuaciones logarítmicas:

$$\begin{cases} 2\log x - 3\log y = 7 \\ \log x + \log y = 1 \end{cases}$$

Se aplica el método de reducción.

$$\begin{array}{rcl} 2\log x - 3\log y & = & 7 \\ 2\log x + 2\log y & = & 2 \\ \hline -5\log y & = & 5 \end{array}$$

por lo que $\log y = -1$ e $y = 0,1$. Si $\log y = -1$, entonces se sustituye en la segunda ecuación: $\log x - 1 = 1$, luego $\log x = 2$ y $x = 100$.

Ejercicio resuelto 4.2

Resuelve el sistema de ecuaciones:

$$\begin{cases} x - y = 21 \\ \log x + \log y = 2 \end{cases}$$

Se aplican las propiedades de los logaritmos para que las dos ecuaciones del sistema sean algebraicas.

$$\begin{cases} x - y = 21 \\ \log x + \log y = 2 \end{cases} \Rightarrow \begin{cases} x - y = 21 \\ \log(x \cdot y) = \log 100 \end{cases} \Rightarrow \begin{cases} x - y = 21 \\ x \cdot y = 100 \end{cases}$$

> Se resuelve el sistema de segundo grado obtenido. Despejamos $y = x - 21$ y sustituimos en la segunda ecuación $x(x-21) = 100$, es decir, $x^2 - 21x - 100 = 0$ que tiene como soluciones $x = 25$ y $x = -4$. La solución $x = -4$ no es válida ya que no existen los logaritmos de números negativos. Si $x = 25$, entonces: $y = 4$.

Ejercicios

111. Resuelve los siguientes sistemas de ecuaciones exponenciales.

(a) $\begin{cases} 2^x + 5^y = 9 \\ 2^{x+2} + 5^{y+1} = 4 \end{cases}$

(d) $\begin{cases} 15 \cdot 5^x - 6^{y+1} = 339 \\ 3 \cdot 5^{x+1} + 2 \cdot 6^{y+2} = 807 \end{cases}$

(b) $\begin{cases} 3^x + 7^y = 16 \\ 3^{x-1} - 7^{y+2} = -340 \end{cases}$

(e) $\begin{cases} 2^x + 2 \cdot 3^{y+1} = 8 \\ 5 \cdot 2^{x-1} + 9^y = 6 \end{cases}$

(c) $\begin{cases} 2^x + 3^y = 11 \\ 4^x + 9^y = 85 \end{cases}$

(f) $\begin{cases} 3^x + 3^{y+1} = 18 \\ x - 3y = -1 \end{cases}$

112. Resuelve los siguientes sistemas de ecuaciones logarítmicas

(a) $\begin{cases} \log x + 3\log y = 5 \\ \log x - \log y = 3 \end{cases}$

(b) $\begin{cases} 3x + 2y = 64 \\ \log x - \log y = 1 \end{cases}$

(c) $\begin{cases} x + y = 70 \\ \log x + \log y = 3 \end{cases}$

(d) $\begin{cases} x^2 - y^2 = 11 \\ \log x - \log y = 1 \end{cases}$

(e) $\begin{cases} x - y = 8 \\ \log_2 x + \log_2 y = 7 \end{cases}$

(f) $\begin{cases} \log x + \log 5 = 3\log 5 \\ \log x^3 + \log y^3 = 6 \end{cases}$

(g) $\begin{cases} 2\log x - 3\log y = 7 \\ \log x + \log y = 1 \end{cases}$

(h) $\begin{cases} \log x + 3\log y = 5 \\ \log \frac{x^2}{y} = 3 \end{cases}$

(i) $\begin{cases} \log x + \log y = 3 \\ 2\log x - 2\log y = -2 \end{cases}$

(j) $\begin{cases} x + y = 22 \\ \log x - \log y = 1 \end{cases}$

113. Resuelve los siguientes sistemas de ecuaciones logarítmicas

(a) $\begin{cases} \log_x(y-18) = 2 \\ \log_y(x+3) = \frac{1}{2} \end{cases}$

(b) $\begin{cases} x + y = 33 \\ \log x - \log y = 1 \end{cases}$

(c) $\begin{cases} \log x^2 - \log y^2 = 2 \\ x^2 + y^2 = 29 \end{cases}$

(d) $\begin{cases} 2\log(x-2) + 3\log(y+2) = 2 \\ 4\log(x-2) + 5\log(y+2) = -1 \end{cases}$

(e) $\begin{cases} \log x - \log y = 1 \\ 2^{x-24} = 4^y \end{cases}$

Soluciones

1. No lo es, no se cumple la segunda ecuación.

2. $3x+5y=0$.

3. $\begin{cases} x + y = 0 \\ x - y = 6 \end{cases}$

4. $y=-5, x=1$

5. (a) $y=\frac{1}{2}, x=\frac{9}{2}$ (c) $y=\frac{3}{4}, x=-\frac{1}{2}$ (e) $y=-1, x=2$
   (b) $y=-\frac{31}{8}, x=\frac{19}{8}$ (d) $y=2, x=1$ (f) $y=1, x=3$

6. (a) $y=\frac{11}{13}, x=-\frac{6}{13}$ (c) $y=-\frac{1671}{527}, x=\frac{145}{31}$ (e) $y=-3, x=7$
   (b) $y=4, x=-2$ (d) $y=-3, x=2$ (f) Infinitas soluciones, $x=4-2y$

7. (a) $y=-2, x=3$ (c) $y=\frac{13}{3}, x=\frac{5}{3}$ (e) $y=0, x=\frac{7}{3}$
   (b) $y=-\frac{5}{7}, x=\frac{3}{7}$ (d) Sin solución   (f) $y=0, x=\frac{6}{7}$

8. (a) $y=3, x=5$ (f) Sin solución
   (b) Sin solución   (g) $y=1, x=1$
   (c) Sin solución   (h) Infinitas soluciones, $x=2(y+2)$
   (d) Infinitas soluciones, $x=\frac{1}{2}(-3y-1)$ (i) Sin solución
   (e) $y=0, x=\frac{3}{2}$ (j) $y=3, x=1$

9. (a) $y=\frac{2}{3}, x=-\frac{1}{2}$ (f) $y=-8, x=5$
   (b) Infinitas soluciones, $x=5-2y$ (g) Infinitas soluciones, $x=\frac{1}{2}(y+3)$
   (c) Infinitas soluciones, $x=\frac{3}{2}(y-1)$ (h) Sin solución
   (d) Sin solución   (i) Infinitas soluciones, $x=3-\frac{3y}{2}$
   (e) Infinitas soluciones, $x=\frac{1}{4}(y+3)$ (j) Sin solución

10. (a) $y=-1, x=2$ (d) Sin solución
    (b) Sin solución   (e) $y=\frac{21}{10}, x=\frac{1}{5}$
    (c) $y=\frac{3}{5}, x=-\frac{2}{5}$ (f) $y=0, x=0$

11. (a) $y=-1, x=1$ (b) $y=3, x=-2$ (c) $y=11, x=19$ (d) $y=10, x=-5$

12. (a) Sin solución   (e) $y=4, x=6$ (i) $y=2, x=-1$
    (b) $y=-1, x=-1$ (f) $y=-8, x=0$ (j) Infinitas soluciones, $x=2y+\frac{5}{2}$
    (c) $y=-6, x=10$ (g) $y=1, x=-3$
    (d) $y=4, x=5$ (h) $y=5, x=0$

13. (a) $y = \frac{1}{4}, x = \frac{1}{2}$ (e) $y = \frac{1}{12}, x = \frac{2}{5}$ (i) $x = -\frac{13}{3}, y = \frac{4}{3}$
    (b) $y = -2, x = 2$ (f) $y = \frac{69}{2}, x = -41$ (j) $y = -3, x = 2$
    (c) $y = 6, x = \frac{5}{2}$ (g) $y = -\frac{10}{13}, x = \frac{8}{13}$
    (d) $y = -6, x = \frac{10}{3}$ (h) $y = \frac{20}{13}, x = -\frac{12}{13}$

14. (a) $y = 0, x = 2$ (b) Infinitas soluciones, $x = 3 - \frac{3y}{4}$ (c) Sin soluciones

15. (a) $2x - 3y = 6$ (b) $4x - 6y = 10$ (c) $x - y = 0$ (d) $x + y = 0$.

16. (a) $8x - 20y = 12$ (b) $-6x + 15y = -9$ (c) $5x - \frac{25}{2}y = \frac{15}{2}$

17. El número es el 37.

18. Yo tengo 110 euros y tú 130.

19. Hay 25 chicas y 15 chicos.

20. María tiene 30 años, y Alberto 14.

21. Hay 7 amigos y 5 personajes de los Simpson.

22. $a = 5$ y $b = 5$.

23. Cobran 20 euros por día y 0,25 euros por kilómetro.

24. Los cuadros costaron 1120 y 1530 euros, respectivamente.

25. Fundirá 3 kg del lingote con una pureza del 80% y 2 kg del de un 95% de pureza.

26. Pintura blanca, 3 euros. Pintura verde, 12 euros.

27. El número es el 35.

28. (a) $3x - 2y = 6$
    (b) $6x - 4y = 10$
    (c) La solución no puede ser $(x, y) = (3, 1)$, ya que no cumple la primera ecuación. Para que sea $(x, y) = (7, 8)$, la solución basta con añadir la ecuación $x - y = -1$.

29. 15 aciertos y 5 fallos.

30. Margarita y su abuelo tiene 17 y 71 años, respectivamente.

31. Los dos números son 30 y 10.

32. No existen dos números que cumplan esas condiciones.

33. Mezclará 31 kg de café de alta calidad y 19 del de baja calidad.

34. En un concurso de matemáticas se propone una prueba de 25 preguntas. Cada una de ellas tiene 5 posibles respuestas de las que solo una es verdadera. Por cada respuesta acertada se obtienen 5 puntos; si se responde de forma errónea se obtienen 0 puntos, y si se deja una pregunta sin respuesta, se obtienen 2.

    (a) Puntuación $= 5x + 2(25 - x - y)$

(b) $5x + 50 - 2x - 2y = 80$, de donde $3x - 2y = 30$. Solución 1: 10 aciertos, 0 fallos, 15 sin contestar. Solución 2: 12 aciertos, 3 fallos, 10 sin contestar.

(c) 86 puntos.

35. Antes de rebajas, el reproductor de música, 150 euros y el televisor, 375. Con las rebajas, el reproductor de música, 141 euros y el televisor, 330.

36. El padre tiene 40 años y el hijo 10.

37. Hay 18 gallinas y 35 conejos.

38. El número es el 37

39. El de la marca A vale 2,50 euros y el de la B, 3 euros.

40. No es solución, ya que no cumple la tercera ecuación.

41. (a) $z = 1, y = 3, x = -2$
    (b) $y = \frac{1}{36}, z = \frac{3}{2}, x = \frac{25}{36}$
    (c) $z = -2, y = 1, x = 4$
    (d) $z = 0, y = -3, x = 2$
    (e) Infinitas soluciones, $z = \frac{1}{7}(5y+4), x = \frac{1}{7}(3y+8)$
    (f) Sin solución.
    (g) Infinitas soluciones, $z = \frac{4y}{5}, x = -\frac{7y}{5}$
    (h) $z = -\frac{14}{11}, x = -\frac{13}{22}, y = -\frac{25}{22}$
    (i) $x = -\frac{2}{3}, z = 2, y = -2$
    (j) $z = 4, y = 3, x = 2$

42. (a) $y = -\frac{2}{5}, z = \frac{8}{5}, x = \frac{3}{5}$
    (b) $y = 3, z = -2, x = 1$
    (c) $y = 3, z = -4, x = 2$
    (d) $z = \frac{1}{3}, y = -\frac{1}{2}, x = \frac{1}{2}$
    (e) Infinitas soluciones, $x = -y - z + 2$
    (f) Sin solución.

43. (a) $z = 1, y = 2, x = 3$
    (b) $z = 2, y = 2, x = -1$
    (c) $z = -3, y = 2, x = 0$
    (d) $z = -\frac{76}{31}, y = -\frac{11}{31}, x = -\frac{6}{31}$
    (e) $z = 1, y = 2, x = 2$
    (f) Sin solución
    (g) $z = -2, y = 0, x = 2$
    (h) $y = z - 2, x = -z$
    (i) $y = 2 - 2z, x = 6z$
    (j) Sin solución

44. (a) $y = 2, z = -4, x = 1$
    (b) $z = -1, y = 0, x = 2$

45. (a) $u = -2, z = 3, y = 1, x = 0$
    (b) $u = 2, y = -3, z = 4, x = -3$
    (c) $w = 0, y = 2, z = -1, x = 4$

46. $k = 18$. Las soluciones son $y = 2 - 2z, x = 6z$.

47. $k = 13$.

48. $b = 3, a = 5, c = -2$.

49. El número es el 765.

50. $b = 3, a = 5, c = -2$

51. $C = 5, A = 9, B = 17$

52. $C = 7000, B = 3000, A = 5000$

53. $y = \frac{7}{2}, z = -2, x = 5$

54. Tecnolofía de la Información = Comunicación Audiovisual = 12; Fracnés = 11.

55. El número es el 624.

56. 60% de la primera barra, 40% de la sgunda barra y un 50% de la tercera barra.

57. $y = 9, z = 18, x = 27$

58. $A = 8, B = 4, C = 12$.

59. Tercer tipo = 20, Primer tipo = 15, Segundo tipo = 70.

60. $z = 3, y = \frac{1}{2}, x = \frac{5}{2}$

61. Existen 2 posibilidades: 385 y 583.

62. El polinomio es el $P(x) = 2x^3 + x^2 - 3x$.

63. Primera posibilidad: 4 balones de 40 euros, 12 de 25 euros y 8 de 5 euros. Segunda posibilidad: 8 balones de 40 euros, 5 de 25 euros y 11 de 5 euros.

64. No, basta que haya un monomio de segundo grado en una de las ecuaciones.

65. (a) Soluciones $(2,1), (-2,-1), (1,2), (-1,-2)$ (b) Soluciones $(2,-1), (-2,1), (1,-2), (-1,2)$

Las soluciones son simétricas: Si (a,b) es solución (b,a) también lo es. Esto se produce cuando la ·x· y la y son intercambiables.

66. (a) $(-1,2), (-2,-1)$
    (b) $(\frac{33}{17}, \frac{20}{17}), (3,-2)$
    (c) $(6,2), (-2,0)$
    (d) $(-\frac{17}{23}, -\frac{13}{23}), (-1,1)$
    (e) Sin solución.
    (f) $(\frac{11}{5}, -5), (0, \frac{1}{2})$

67. (a) Sin solución.
    (b) $(6,2), (2,6)$
    (c) $(-\frac{7}{10}, \frac{5}{4}), (-1,2)$
    (d) $(-2,3), (2,-3)$
    (e) $(2,3), (-2,-3), (3,2), (-3,-2)$
    (f) $(2,1), (-2,-1), (2,-1), (-2,1)$
    (g) $(-2,0), (2,0)$
    (h) $(3,-5), (3,5), (\frac{1}{2}, -\sqrt{\frac{15}{2}}), (\frac{1}{2}, \sqrt{\frac{15}{2}})$
    (i) $(5,1), (-5,-1), (5,-1), (-5,1)$
    (j) $(2,1), (-\frac{19}{2}, \frac{73}{4})$

68. (a) $(\frac{81}{17}, \frac{56}{17}), (-3,2)$
    (b) $(5,1), (\frac{7}{3}, -\frac{1}{7})$
    (c) $(3,3), (\frac{1}{3}, -1)$
    (d) $(0,4), (0,-4)$
    (e) $(2,4), (-2,-4), (2,-4), (-2,4)$
    (f) $(-3,-2), (3,2)$
    (g) $(5,4), (-5,-4), (5,-4), (-5,4)$
    (h) $(\frac{48}{17}, \frac{4}{17}), (0,-4)$
    (i) $(1,3), (-1,-3), (1,-3), (-1,3)$
    (j) $(-2,4), (2,-4)$

69. (a) $(2,-2)$
    (b) $(6,2), (-\frac{450}{73}, -\frac{2}{73})$
    (c) $(2,-3), (-\frac{65}{22}, \frac{53}{55})$
    (d) $(\frac{5}{2}, 15), (4,6)$
    (e) $(-1,3), (16, -\frac{11}{2})$
    (f) $(0,2), (0,-2)$
    (g) $(6,6), (\frac{162}{23}, \frac{102}{23})$

70. Las dimensiones son 7×4 cm.

71. Las dimensiones son 12×16 cm.

72. $(2,3), (-2,-3), (2,-3), (-2,3)$

73. Las dimensiones son 12×5 cm.

74. El lado desigual mide 12 y los iguales, 10.

75. El radio valía 4 cm y la altura, 10 cm. Así, $V = 160\pi$ cm^3

76. Uno tarda 9 minutos y el otro 4,5 minutos.

77. Al final fueron 7 amigos que pagaron 70 euros cada uno.

78. Al principio tenía 50 ordenadores que iba a vender a 1200 euros. Al final vendió 48 ordenadores a 1250 euros.

79. A la ida tardó 6 horas a 50 km/h; a la vuelta, a 5 horas y 60 km/h.

80. Las dimensiones son 40×160 m.

81. Las dimensiones son 12×5 m.

82. Las diagonales miden 6 y 8 cm.

83. El número es el 54.

84. El radio mide 8 cm y la generatriz 17 cm.

85. Lo llenarán en 1 hora y 12 minutos.

86. Los catetos miden 8 y 15 cm.

87. Las dimensiones son 12×9 cm.

88. El radio mide 2 cm y la altura 5 cm.

89. Las diagonales miden 6 y 8 cm.

90. Primera solución: Primera parte, velocidad 80 km/h, tiempo 1 hora y 15 minutos. Segunda parte, velocidad 100 km/h, tiempo 2 horas. Segunda solución: Primera parte, velocidad $\frac{100}{3}$ km/h, tiempo 3 horas. Segunda parte, velocidad $\frac{160}{3}$ km/h, tiempo 3 horas y 45 minutos.

91. La base mide 5 y la altura 3 cm.

92. El área de un rectángulo de diagonal 10 cm mide 48 cm^2.

    (a) $A = 10$ y $B = 48$, son, respectivamente, la diagonal y el área.
    (b) $L = \sqrt{x^2 + y^2 + 2xy)} = x + y = 14$, es el semiperímetro de la figura.

(c) 28 cm.

(d) Las dimensiones son 8×6 cm.

93. Al principio tenía 20 ordenadores. Al final cobrará a 22,50 euros cada reparación.

94. Primera solución: Las dimensiones serían 4×3 m, por lo que el perímetro sería 14 m. Segunda solución: Las dimensiones serían 6×2 m, por lo que el perímetro sería 16 m.

95. Los números son el 4 y el -1.

96. Los números son el 3 y el 6.

97. Los números son el 2 y el 7, o bien, el -7 y el -2.

98. Los números son el 2 y el 7.

99. Las posibles soluciones son: $(2,3), (-2,-3), (3,2), (-3,-2)$.

100. Las posibles soluciones son 36 y 60 o bien -36 y -60.

101. Las posibles soluciones son 2 y 9 o bien -4 y $-\frac{9}{2}$.

102. Las posibles soluciones son -3 y 5 o bien -5 y 3.

103. Las posibles soluciones son: $(2,3), (2,-3), \left(\frac{-11}{5}, \frac{\sqrt{330}}{5}\right), \left(\frac{-11}{5}, -\frac{\sqrt{330}}{5}\right)$.

104. Las dimensiones son 6×4 cm, por lo que la diagonal mide $\sqrt{52}$ cm.

105. Los catetos miden 6 y 8 cm, por lo que el perímetro será 24 cm.

106. Los números son 3 y -3

107. Los números son el 8 y el 12, o bien, el -8 y el -12.

108. Las dimensiones serían 5×12 m, por lo que el perímetro sería 34 m.

109. Las posibles soluciones son $\frac{1}{3}$ y $\frac{1}{6}$ o bien $-\frac{1}{3}$ y $-\frac{1}{6}$.

110. Dicho número puede ser el 38 o bien el 83.

111. Uno tardará 2 horas y el otro 4.

112. (a) $y = 2, x = 3$
(b) $x = 2, y = 1$
(c) $x = 1, y = 2$ o bien, $x = \dfrac{\ln\left(85 - 9^{\frac{\ln(2)}{\ln(3)}}\right)}{2\ln(2)}$, $y = \dfrac{\ln(2)}{\ln(3)}$.
(d) $y = 1, x = 2$
(e) $y = 0, x = 1$
(f) $y = 1, x = 2$

113. (a) $y = \sqrt{10}, x = 1000\sqrt{10}$
(b) $y = 2, x = 20$
(c) $(x,y) = (20, 50)$ o bien $(x,y) = (50, 20)$
(d) $(x,y) = \left(\frac{10}{3}, \frac{1}{3}\right)$ o bien $(x,y) = \left(-\frac{10}{3}, \frac{1}{3}\right)$
(e) $y = 8, x = 16$
(f) $y = 100^{-\log_{10}(5)+1}, x = 25$
(g) $y = \frac{1}{10}, x = 100$
(h) $y = 10, x = 100$
(i) $y = 100, x = 10$
(j) $y = 2, x = 20$

114. (a) $x = \frac{3}{2}, y = \frac{81}{4}$
(b) $y = 3, x = 30$
(c) $(10, 1), (-10, -1), (10, -1), (-10, 1)$
(d) $y = 99998, x = 2 + \frac{1}{1000000\sqrt{10}}$
(e) $y = 3, x = 30$

www.ingramcontent.com/pod-product-compliance
Lightning Source LLC
Chambersburg PA
CBHW041533220426
43662CB00002B/50